海量阅读
经典书系

有意思的古文课 3

韩兴娥　齐若谷　文小丹 · 编著　　陈伟 · 绘画

二十一世纪出版社集团
21st Century Publishing Group

图书在版编目（CIP）数据

有意思的古文课 . 3 / 韩兴娥等编著 .
— 南昌：二十一世纪出版社集团，2020.8（2021.1 重印）
（海量阅读经典书系）
ISBN 978-7-5568-5039-6

Ⅰ . ①有… Ⅱ . ①韩… Ⅲ . ①文言文—中小学—
教学参考资料 Ⅳ . ① G634.303

中国版本图书馆 CIP 数据核字 (2020) 第 125453 号

海量阅读经典书系
有意思的古文课 3
YOU YISI DE GUWEN KE 3
韩兴娥 齐若谷 文小丹 编著 陈 伟 绘画

出 版 人 刘凯军
项目统筹 马 婷
责任编辑 马 婷 丁 媛
装帧设计 杨 静
出版发行 二十一世纪出版社集团有限公司
（江西省南昌市子安路 75 号 330025）
www.21cccc.com cc21@163.net
承 印 江西千叶彩印有限公司
开 本 787 毫米 × 1092 毫米 1/16
印 张 6.75
印 数 10001 ~ 30000
字 数 90 千字
版 次 2020 年 7 月第 1 版
印 次 2021 年 1 月第 2 次印刷
定 价 35.00 元

赣版权登字 -04-2020-447

序言

中华古文经典是我们的民族智慧、民族心灵的庞大载体，是我们民族生存、发展的根基，也是几千年来维系我们民族屡经重大灾难而始终不解体的坚强纽带。中华文明流传千古，究其原因，很重要的一点就是中华文明保留着绵延不断的文化经典，《诗经》《道德经》《论语》《孟子》，魏晋散文、唐诗、宋词、元曲、明清小说……几千年来无数高贵而有趣的灵魂，用生命粹成的经典烛照着一代又一代中华子孙从蒙昧中走来，向着文明和美好一步步迈进。这些经典是民族的文化之源、精神之根、生命之魂，有着巨大的种子能量。我们提倡现代儿童读经典，其初衷就是把中华文化的种子播撒在孩子幼小的心田里，并且随着儿童的精神体魄一起发芽、成长、开花、结果，然后世代相传。

孩子在十一二岁的年纪，记忆力好，理解力也增强了，价值观正开始形成，倘若在这个阶段能多接受一些古典文化的熏陶，并且喜爱上这些流传千古、脍炙人口的美好篇章，将是他们一生受用不尽的宝贵财富。现代文学大师巴金先生妙笔生花，写得一手锦绣文章，有人问他是怎么学写文章的，他说，把《古文观止》背诵过之后，文章自然就写出来了。古文经典就是有这样的力量，这样的经典，怎么能让我们的孩子错过呢?

韩兴娥老师的学生是有福气的，“海量阅读”的师生们也是有福气的，我很了解并欣赏韩兴娥老师“海量阅读”的教学理念，也听过韩老师上的语文课。韩老师的课非常精彩，主要不是因为教师讲得精彩，而是她的学生发言精彩，班上很多学生即兴发言，引经据典，口若悬河，出口成章，真让听课的教师们心悦诚服。那天坐在我身旁听课的一位高中语文教师，赞叹说，他所教的高中学生，知识面也不过如此。课后我问韩老师为何她的学生能这样出彩，韩老师说她一直在课内外让孩子读海量的书，不同学龄段的孩子读不同的书：儿歌、古诗词、成语故事、古文……

现在，韩老师把她古文课的教学内容编纂成书了，这实在是孩子们的福音。韩老师有一个本事，她总是能化繁为简，变难为易，让孩子学得轻松，老师教得不累。文言文难读、难诵，常给人以艰深晦涩之感，究其原因，无外有二：一是古文中许多文字在现代文中已不常使用，字音难读、词意难解；二是古之文法较于当今的语言习惯已有许多不同，文意难解。两者中，又以字词难解、难读最令人困扰。韩老师的这套《有意思的古文课》成功地消解了这两大难点：第一，原文与译文以对开页编排，阅读时相互对照，意思一目了然，有助于理解文意；第二，古文中难读费解的字词，文中有注音，文下有注释，有些难理解的字词旁用小漫画图解，帮助孩子理解词义，这真是极具创意的，这样的编排使得让人望而生畏的古文，一下子变得亲切有趣又活泼可爱起来，孩子读起来会更轻松；第三，古文原文采用普通话朗读和“陈琴歌诀乐读法”两种方式诵读，普通话朗读有助于正音，“陈琴歌诀乐读法”诵读有助于记诵。“素读经典”创始人陈琴老师的“歌诀乐读法”可以说是学习古诗文的独家秘籍，这次由她的得意门生彭弘老师为韩兴娥老师这套书献声，真是“强强联合”，足见两位名师的情谊。

有人将“经典”局限于先秦儒家经典，也有人认为小学生诵读最好以唐宋诗词为主，这样的观点无疑会大大窄化经典诵读的内容，不利于传承中华民族优秀的传统文化，对那些阅读文言文有潜力的孩子更是损失。教育部颁发的《语文课程标准》强调加强中华传统文化教育，最新推出统编教材入选古诗文的数量比原来人教版教材增加了近 80%，但是每册教材中入选的古文数量不多，而且大多为篇幅短小的寓言故事、成语故事等，很难满足那些对古文有兴趣、并且有阅读潜力的孩子的需要。中国几千年流传的文化典籍浩如烟海，历代美文名篇不胜枚举。这套《有意思的古文课》一套四册，所选古文从春秋战国一直到明清时代，选的都是经典中的经典，比如《劝学》《桃花源记》《陋室铭》《狼》等。作为中国人，如果你不读这些篇章是要遗憾的，是要失根的，是会让你的文化生态链断裂的，这些篇章是你此生必读之经典。有人说这些经典古文很好，但是儿童读不懂，或者是似懂非懂。其实随着儿童心智的不断成熟，幼时积淀到生命深处的东西会慢慢酝酿，慢慢发酵，最后化为一个人独特的素质和修养——这是长大以后无论怎么学习都无法弥补和赶上的，这就是所谓的童子功。这套丛书将教育部要求小学、初中、高中阶段学习的古文，基本收录其中了，并依难易程度按学龄特点分册编排。

希望此书的出版，能让那些喜欢经典的孩子可以了解我们的祖先，我们的文化，我们的文学！愿孩子们能将中华文化的种子植入心田，静待开花！也愿韩兴娥老师“海量阅读”之路越走越远，惠及更多老师和孩子！

上海师范大学 吴忠豪

2020 年 2 月 19 日　写于海廷

目录

01

湖心亭看雪

张岱

明朝

姓名 张岱

别称 号陶庵，别号蝶庵居士

出生地 浙江山阴（今浙江省绍兴市）

生卒年 公元 1597—1689 年

哲学思想 90%

理性批判程朱理学与八股科举制　辩证法思想

哲学思想的美学化倾向

文学造诣 95%

以小品文见长　以“小品圣手”名世　晚明“绝代散文家”

著有《陶庵梦忆》《西湖梦寻》《夜航船》《琅嬛文集》

史学贡献 80%

文人修史“事必求真”“宁阙勿书”　著有《古今义烈传》等

生命指数

92 岁

读过张岱，灵魂才有趣

明末文学家张岱，生于显宦之家，幼年读书万卷，被誉“神童”。年少时他放浪形骸，极爱繁华，好精舍、好鲜衣、好美食、好骏马、好华灯、好花鸟，半世劳碌，幻梦一生。

他笔耕不辍，著作等身，除被世人赞叹的《湖心亭看雪》，还著有《陶庵梦忆》《西湖寻梦》《琅嬛文集》及史学名著《石匮书》，尤其是被后世推崇的《夜航船》，更是闪烁着他智慧的光辉，全书涵盖四千多个此生都不可错过的文化常识，包罗万象，诗意盎然。

以当下的眼光看，张岱可以说是位时尚先生，没有人比他更精于守护万物独特的气息氛围了。事实上，他自己就是湖心亭中那一片剔透的白雪，洒脱、高远、丰神绰约、趣味无穷。

1 崇祯五年十二月，余住西湖。大雪三日，湖中**人鸟声俱绝**。是日**更（gēng）定**

矣，余**拏（ná）一小舟**，拥**毳（cuì）衣**炉火，独往湖心亭看雪。**雾凇沆砀（hàngdàng）**，天与云与山与水，**上下一白**，湖上影子，惟**长堤一痕、湖心亭一点**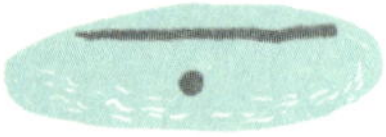，与**余舟一芥、舟中人两三粒**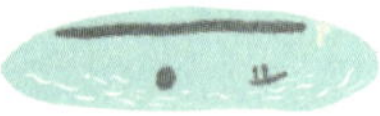而已。

解字析词

- 更定：指初更以后。晚上八点左右。
- 拏：撑船。
- 毳衣：细毛皮衣。
- 雾凇沆砀：冰花周围弥漫着白汽。沆砀，白汽弥漫的样子。
- 上下一白：上上下下全白。一，全或都，一概。
- 芥：小草，比喻轻微纤细的事物。

①崇祯五年十二月，我住在西湖。大雪接连下了多日，湖中人和鸟的声音都没了。这天初更时分，我撑着一叶小舟，穿着细毛皮衣，带着火炉，独自前往湖心亭看雪。湖面上，冰花周围弥漫着白汽，天和云和山和水，浑然一体，一片白茫茫。湖上的影子，只有长堤的痕迹一道，湖心亭（的轮廓）一点，我的小舟一叶，舟中的两三个谷粒大小的人罢了。

日益精进

- “雾凇”

形容湖上雪光水汽，浑蒙不分。曾巩《冬夜即事诗》自注：“齐寒甚，夜气如雾，凝于水上，旦视如雪，日出飘满阶庭，齐人谓之雾凇。”

②到亭上，有两人**铺毡对坐**，一童子烧酒炉正沸。见余大喜曰：“湖中**焉得更有此人！**”**拉**余同饮。余强(qiǎng)饮三**大白**而别。问其姓氏，是金陵人，**客此**。及下船，**舟子**喃喃曰：“莫说相公**痴**，更有**痴似**相公者。”

解字析词

- 焉得更有此人：哪能还有这样的人呢！焉得，哪能。
- 拉：邀请。
- 大白：大酒杯。
- 客此：客，旅居他乡作客，指在此地客居。
- 舟子：船夫。
- 痴似：痴于，痴过。痴，本文为痴迷，表现了人物钟情山水、淡泊孤寂的心境。

②到了湖心亭上，我看见有两人铺好毡子，相对而坐，一个童子正把酒炉里的酒烧得滚沸。他们看见我，非常高兴地说：“想不到在湖中还会有您这样有闲情逸致的人！”于是他们邀请我一同饮酒。我高兴地喝了三大杯酒，然后和他们道别。问起他们的姓氏，才得知他们是金陵人，在此地客居。等到下船时，船夫小声地说：“不要说只有相公您一个人痴迷（山水），另有痴迷（山水）超过您的人！”

日益精进

◆ 相公

原是对宰相的尊称，后转为对年轻人的敬称及对士人的尊称。

歌诀版

朗读版

02

送东阳马生序（节选）

宋濂

明朝

姓名 宋濂

别称 字景濂，号潜溪，别号龙门子、玄真遁叟

出生地 祖籍金华潜溪（今浙江省义乌市），后迁居金华浦江（今浙江省浦江县）

生卒年 公元 1310—1381 年

文学造诣 95%

与高启、刘基并称为“明初诗文三大家”

与刘基均以散文创作闻名，并称为“一代之宗”

为“台阁体”提供范本

史学贡献 80%

创造了“以今为鉴”的劝谏方法

主持编纂《元史》二百一十卷

王祎将其与司马迁相比

生命指数

71 岁

寒门逆袭，成功绝非偶然

《孟子》云“故天将降大任于是人也，必先苦其心志，劳其筋骨，饿其体肤”，自古以来，成就大事前必历经坎坷。明朝开国文臣之首宋濂，亦是如此。他家中清贫、体弱多病，但勤勉好学，终成人才。

元末战火纷飞，他难以独善其身，曾逃到山里做了道士，尽管如此，他仍未放弃读书。朱元璋称帝，宋濂被封为翰林院学士，至此，他的半生所学才在百废待兴之时派上用场：制定国子监教育制度，主持皇家图书馆大本堂，选拔人才，为众多寒门子弟创造机会。明朝的文化由他开始，从惨淡走向了繁荣。

他的逆袭，靠的不是大力出奇迹，而是旷日持久的努力。宋濂用努力赢得了“明朝文化奠基者”的美誉，也赢得了尊严。

1 余幼时即嗜（shì）学。家贫，无从**致书**  以观，每假借于藏书之家，**手自笔录** 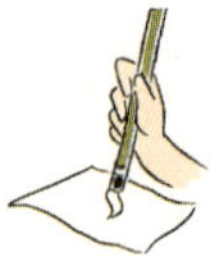，计日以还。天大寒，砚冰坚，手指不可屈伸，弗之怠（dài）。录毕，**走送之** ，不敢稍逾约。以是人多以书假余，余因得遍观群书。既**加冠**（guān） ，益慕圣贤之道。又患无**硕师**名人与游，尝趋（qū）百里外，从乡之先达执经叩问。

解字析词

- 致书：得到书。
- 加冠：古代男子二十岁举行加冠礼，表示已经成人。后人常用“冠”或“加冠”表示年已二十。
- 硕师：学问渊博的老师。

①我年幼时就爱好读书。家里穷，没有什么门径得到书来看，常常向藏书的人家请求借阅，亲手用笔抄录，计算日期送还。冬天非常冷，砚台里的冰（很）坚硬，手指冻得不能弯曲和伸直，对此也不懈怠。抄写完毕后，（我）疾行把书送回去，不敢超过约定的期限。因此有很多人都愿意把书借给我，于是我能够遍观群书。成年以后，（我）更加仰慕古代圣贤的学说，又苦于不能与学识渊博的老师和名人交往，曾经赶到数百里以外，拿着经书向乡里有道德学问的前辈请教。

日益精进

◆ 弱冠

古时汉族男子二十岁称“弱冠”。古代不论男女都要蓄留长发的，等他们长到一定的年龄，要为他们举行一次“成人礼”的仪式。男行冠礼，就是把头发盘成发髻，谓之“结发”，然后再戴上代表已成人的帽子，以示成年，但体犹未壮，还比较年少，故称“弱冠”。

先达德**隆**望尊，门人弟子填其室，未尝稍降辞色。余立侍左右，援疑质理，**俯身倾耳以请**；或遇其叱咄（chì duō），色愈恭，礼愈至，不敢出一言以复；**俟**（sì）其**欣悦**，则又请焉。故余虽愚，卒获有所闻。

解字析词

- 隆：高。
- 俟：等待。

前辈德高望重，门人弟子挤满了他的屋子，（他的）言辞和态度从未稍有温和。我站着陪侍在他左右，提出疑难，询问道理，俯下身子侧耳请教；有时遇到他大声斥责，（我）表情更加恭顺，礼节更加周到，不敢说一句话来回应；等到他高兴了，则又去请教。所以我虽然愚笨，但最终获得不少教益。

日益精进

◆ 朱元璋评价宋濂

宋景濂事朕十九年，未尝有一言之伪，诮一人之短，始终无二，非止君子，抑可谓贤矣。（宋濂在我身边做事十九年，从没有一句假话，从没讥讽过一个人的缺点，始终如一，他不仅仅是一个君子，也可以称得上是一名贤者了。）

2 当余之从师也，**负箧(qiè)曳(yè)屣(xǐ)**行深山巨谷中。穷冬烈风，大雪深数尺，足肤皲(jūn)裂而不知。至舍，四**支**僵劲不能动，**媵(yìng)人持汤沃灌**，以衾(qīn)拥覆，久而乃和。**寓**逆旅，主人日再食(sì)，无鲜肥滋味之享。

解字析词

- 负箧曳屣：背着书箱，拖着鞋子（表示鞋破）。
- 支：通“肢”，肢体。
- 媵人：这里指旅舍中的仆役。
- 持汤沃灌：拿了热水来洗濯。沃，浇。灌，通“盥”。
- 寓：寄居。

②当我外出求师的时候，背着书箱，拖着鞋子，行走在深山峡谷之中。隆冬时节，刮着猛烈的寒风，雪有好几尺深，脚上的皮肤受冻裂开都不知道。回到客舍，四肢僵硬动弹不得。服侍的人拿着热水为我洗濯，用被子裹着我，很久才暖和起来。寄居在旅店里，旅店老板每天供应两顿饭，没有新鲜肥嫩的美味享受。

日益精进

◆ 屣

鞋子的意思，古代对鞋子称呼的一种。古曰屦（jù），汉以后曰履，今曰鞋。用草编制的称草屦，草鞋又称躧（xǐ），又写作蹝、屣。草鞋为贱物，所以古人常以脱屣、弃屣比喻事情之容易或对人事看得很轻。用作动词时，形容拖着鞋走路。

同舍生皆被(pī)绮(qǐ)绣，戴朱缨宝饰之帽，腰白玉之环，左佩刀，右备**容臭(xiù)**，烨(yè)然若神人；余则**缊(yùn)袍敝(bì)衣**处其间，略无慕艳意，以中有足乐者，不知口体之奉不若人也。盖余之勤且艰若此。

解字析词

- 容臭：香袋。臭，气味，这里指香气。
- 缊：乱麻。

同学舍的人都穿着华丽的衣服，戴着用红色帽带和珠宝装饰的帽子，腰间挂着白玉环，左边佩戴宝刀，右边挂着香囊，光彩鲜明，像神仙一样；我却穿着破旧的衣服处于他们之间，但我毫无羡慕之心。因为心中有足以（让我）快乐的事情，所以不觉得吃的、穿的不如别人。我求学的辛勤和艰苦就像这个样子。

我爱读书

歌诀版　　朗读版

03

曹刿论战

左丘明

春秋

姓名 左丘明

别称 鲁君子

出生地 鲁国都君庄（今山东省肥城市）

生卒年 约公元前 502 年—约公元前 422 年

史学成就 95%

著编年体史书《左传》　著中国第一部国别体史书《国语》

文学造诣 80%

语言生动简洁　论述有力量

生命指数

80 岁

百家文字之宗，万世古文之祖

他是姜子牙支孙，他的家族世代为史官，他一生著述辉煌，他的《左传》是中国第一部叙事完整的历史著作，他就是左丘明。

《左传》全称《春秋左氏传》，是左丘明历时 30 载日月，上下纵贯 200 余年、恢宏洒脱 18 万余字才撰成的璀璨史诗。其历史、文学、科技、军事价值为历代史学家和文人所推崇。

即使他晚年时罹患眼疾，也仍坚持书写。他将半生所见所闻记述下来，汇集成《国语》。《国语》是我国现存最早的国别史，它与《左传》一起，成为珠联璧合的历史文化巨著。

以史为鉴，借史喻今，被孔子、司马迁均尊为“君子”的左丘明，不愧为中国传统史学的创始人，“百家文字之宗、万世古文之祖”。

1 **十年**春，齐师**伐我**

。公将（jiāng）战，曹刿（guì）**请见**。其乡人曰：“**肉食者**

谋之，又何间（jiàn）焉？”刿曰：“肉食者**鄙**（bǐ），未能远**谋**。”乃**入见**。

解字析词

- 十年：鲁庄公十年（公元前 684 年）。
- 伐：攻打。
- 我：指鲁国。《左传》根据鲁史而写，故称鲁国为“我”。
- 肉食者：指当权者。
- 鄙：鄙陋，目光短浅。
- 谋：谋议。

①鲁庄公十年的春天，齐国军队攻打鲁国。鲁庄公将要迎战，曹刿请求鲁庄公允许自己去拜见。他的同乡说："打仗的事当权者自会谋划，你又为什么参与呢？"曹刿说："当权者目光短浅，不能深谋远虑。"于是入朝去拜见鲁庄公。

日益精进

◆ 曹刿

春秋时鲁国大夫，著名的军事理论家。他之所以取胜，不是靠猛打猛冲，而是因为谋略、智慧，这一点尤其让人称道。战争当中，一个优秀的谋略家，抵得上成千上万的将士。他虽然没有将士的勇猛，没有将士的勇力，不能在战场上冲锋陷阵，却能凭借智慧，以柔克刚，以弱胜强，以小取大。

问：“何以战？”公曰：“**衣食**所安，弗(fú)敢**专**也，**必以分人**。”对曰：“小惠未遍，民弗(fú)从也。”公曰：“**牺牲****玉帛(bó)**，弗敢加也，必以信。”对曰：“小信未**孚(fú)**，神弗**福**也。”公曰：“小大之**狱**，虽不能察，必以**情**。”对曰：“**忠之属也**。可以一战。战则请从。”

解字析词

- 专：独占，独自专有。
- 牺牲玉帛：古代祭祀用的祭品。牺牲，祭祀用的纯色牲畜。
- 孚：使人信服。
- 狱：诉讼的案件。
- 情：诚实，这里指诚心。
- 忠之属也：（这）是尽了职分的事情。忠，尽力做好分内的事。

（曹刿）问：“（君主）凭借什么作战？”鲁庄公说：“衣食这一类安身立命的东西，我不敢独享，一定把它分给别人。”（曹刿）回答说：“这些小恩小惠，不能让百姓受惠，他们是不会听从您的。”鲁庄公说：“祭祀神灵的纯色牲畜、玉帛之类的用品，我从来不敢虚报数目，一定用诚实的态度（对待神）。”（曹刿）说：“这只是小诚小信，不能让神灵信服，神是不会保佑你的。”鲁庄公说：“大大小小的讼案，虽然不能件件都了解得很清楚，但我一定会处理得合情合理。”（曹刿）回答说：“这才是尽心竭力这类的事情，您可以凭借这个条件打一仗。如果作战，请允许我跟随您一同去。”

日益精进

◆ 牺牲的古今异义

古时候用作名词，指祭祀或祭拜的用品，包括纯色全体牲畜；也指供盟誓、宴享用的牲畜。现在将它作动词，指为坚持信仰而死、为了正义的目的舍弃自己的生命或利益，如为国牺牲、牺牲自己的休息时间。

②**公与之乘**（chéng），战于**长勺**（cháng sháo）。公将**鼓之**。刿曰："未可。"齐人三鼓。刿曰："可矣。"齐师**败绩**。公将**驰**之。刿曰："未可。"下视其**辙**（zhé），**登轼而望之**，曰："可矣。"遂逐齐师。

解字析词

- 公与之乘：鲁庄公和他共坐一辆战车。之，指曹刿。
- 长勺：鲁国地名，今山东莱芜东北。
- 败绩：军队溃败。
- 驰：追逐。
- 辙：车轮碾出的痕迹。
- 轼：古代车厢前做扶手的横木。这里用作动词，指凭轼。

②鲁庄公和他共坐一辆战车，在长勺和齐军作战。鲁庄公要下令击鼓进军，曹刿说："现在不行。"等到齐军三次击鼓之后，曹刿说："可以击鼓进军了。"齐军溃败。鲁庄公又要下令驾车马追逐齐军，曹刿说："还不行。"说完就下了战车，查看齐军车轮碾出的痕迹，又登上战车，扶着车前横木远望齐军的队形，这才说："可以追击了。"于是追击齐军。

日益精进

◆ 战前击鼓

一种战时的礼节。周朝建立礼乐制度以后，古人做事很多时候把礼仪放在第一位。因有"事不过三"之说，而后来战争中三通鼓也就成了定例。一般在三通鼓后若还未出兵基本上这场仗就不能再打了，因而士气也就"竭"了。

③**既克**，公问其故。对曰：“**夫战，勇气也**。**一鼓作气**，**再而衰**，**三而竭**。彼竭我**盈**，故克之。夫大国，难测也，惧有伏焉。吾视其辙乱，望其**旗靡**(mǐ)，故逐之。”

解字析词

- 既克：已经战胜。既，已经。
- 夫战，勇气也：作战，（是靠）勇气。
- 一鼓作气：第一次击鼓能振作士气。作，鼓起。
- 三：第三次。
- 盈：盛，指士气旺盛。
- 靡：倒下。

③战胜齐军后，鲁庄公问他这样做的原因。曹刿回答说："作战，是靠勇气。第一次击鼓，能够振作士气；第二次击鼓，士兵们的气势就开始低落了；第三次击鼓，士兵们的士气就耗尽了。他们的士气已经消失，而我军的士气正盛，所以才战胜了他们。像齐国这样的大国，他们的情况是难以推测的，我怕他们设下埋伏。我去察看他们车轮碾过的痕迹散乱，望见他们的旗子倒下了，所以才决定追击他们。"

日益精进

◆ 辙乱旗靡

汉语成语，意思是车辙错乱，旗子倒下。形容军队溃败逃窜。出自《左传·庄公十年》。

歌诀版

朗读版

04

邹忌讽齐王纳谏

刘向

西汉

姓名 刘向

别称 字子政，世称刘中垒

出生地 世居汉代楚国彭城，祖籍沛郡丰邑（今江苏省徐州市）

生卒年 公元前 77 年—公元前 6 年

文学造诣 70%

经学家　文学家　《战国策·叙录》　编订《楚辞》
与儿子刘歆共同编订《山海经》

才艺指数 75%

目录学家

生命指数

71 岁

以真为鉴，不照哈哈镜

《战国策》，国别体故事汇，既有国与国、人与人之间的争斗计谋，也有治国驭民之法和为人处世之道。

邹忌三问，妻、妾、客三答，皆是赞美。

邹忌懂思考，抓住姬妾、近臣、百姓的心理动机，表达是技巧，劝谏是目的。齐威王不负众望，海纳百川。

成就事业，为君，需贤明；为臣，需策略。但，两者都需要勇气。

君者，有勇气才能听真话；臣者，有勇气方敢说实话。

后世唐太宗说：“以铜为镜，可以正衣冠；以古为镜，可以知兴替；以人为镜，可以明得失。”问题的关键已经变成了：无论以何为镜，最重要的是不能照哈哈镜。

①**邹(zōu)忌修八尺有余**

，而形貌**昳(yì)丽**。朝(zhāo)服衣冠，窥镜，谓其妻曰："我孰与城北徐公美？"其妻曰："君美甚，徐公何能及君也？"城北徐公，齐国之**美丽者也**。忌不自信，而复问其妾曰："吾孰与徐公美？"妾曰："徐公何能及君也？"

解字析词

- 邹忌：战国时齐人，善鼓琴，有辩才，曾任齐相。
- 昳丽：光艳美丽。

①邹忌身高八尺多，外形、容貌光艳美丽。早晨穿戴好衣帽，照镜子，对他妻子说："我和城北徐公相比，谁美？"他的妻子说："您美得很，徐公怎么能比得上您？"城北徐公是齐国的美男子。邹忌不相信自己比徐公美，于是又问他的妾："我和徐公相比，谁美？"妾回答说："徐公哪能比得上您？"

日益精进

◆ 《战国策》

西汉刘向编订的国别体史书。主要记述了战国时期的纵横家的政治主张和策略。作者并非一人，成书并非一时，西汉末刘向编订为三十三篇，定名为《战国策》。《邹忌讽齐王纳谏》即选自《战国策·齐策》。

旦日，客从外来，与坐谈，问之客曰：“吾与徐公孰美？”客曰：“徐公不若君之美也。”明日徐公来，**孰视之**，自以为不如；窥镜而自视，又**弗如远甚**。暮寝而思之，曰：“吾妻之**美我**者，**私我也**

；妾之美我者，**畏我也**

；客之美我者，**欲有求于我也**

。”

解字析词

- 旦日：明日，第二天。
- 孰视之：孰，仔细，这个意义后来写作“熟”。之，代指城北徐公。
- 弗如远甚：比不上，远远不如。弗，不。
- 美我：以为我美。
- 私：偏爱，动词。

第二天，有客人从外面来拜访，邹忌与他相坐而谈，问客人："我和徐公比，谁美？"客人说："徐公不如您美丽。" 又过了一天，徐公来了，邹忌仔细看他，自己认为不如徐公美；照镜子看自己，更是觉得自己比不上，（而且）远远不如。晚上他躺在床上想这件事，说："我的妻子认为我美，是偏爱我；妾认为我美，是害怕我；客人认为我美，是有事情有求于我。"

日益精进

◆ 《山海经》

《山海经》是由刘向与其子刘歆共同编订而成。《山海经》的书名虽最早见于《史记》，但司马迁观之却道叹曰："至《禹本纪》《山海经》所有怪物，余不敢言之也。"因此，直到约百年后汉成帝时， 刘向、刘歆父子奉命校勘整理经传诸子属诗赋，才将此书公之于众。

②于是入朝见威王，曰："臣**诚知**不如徐公美。臣之妻私臣，臣之妾畏臣，臣之客欲有求于臣，**皆以美于徐公**。今齐地**方**千里，百二十城，宫妇**左右**莫不私王，朝廷之臣莫不畏王，四境之内莫不有求于王：由此观之，王之**蔽**bì甚矣。"

解字析词

- 诚知：确实知道。
- 方：古代计算面积的术语。方千里，意为纵横千里。
- 左右：国君身边的近臣。

②于是上朝拜见齐威王，说："我知道自己确实不如徐公美。可是我的妻子偏爱我，妾害怕我，客人有事想求助于我，所以他们都说我比徐公美。如今齐国疆土方圆千里，一百二十座城池。宫中的姬妾及身边的近臣，没有一个不偏爱大王的，朝中大臣没有一个不惧怕大王的，全国的百姓没有不对大王有所求的。由此看来，大王您受的蒙蔽太严重了！"

日益精进

◆ 《楚辞》

《楚辞》是中国文学史上第一部浪漫主义诗歌总集，"楚辞体"相传是屈原等人创作的一种新诗体。"楚辞"的名称，西汉初期已有之，至刘向乃编辑成集。

③王曰：“善。”乃下令：“群臣吏民能**面刺**寡人之过者，**受上赏** ；上书谏寡人者，受**中赏** ；能谤(bàng)**讥**于**市朝**(cháo)，**闻**寡人之耳者，受**下赏** 。”令初下，群臣进谏，**门庭若市** ；数月之后，时时而间(jiàn)进；期(jī)年之后，虽欲言，无可进者。燕、赵、韩、魏**闻**之，皆朝于齐。此所谓战胜于朝廷。

解字析词

- 面刺：当面指责。
- 受：给予。
- 讥：讽刺。
- 市朝：指集市、市场等公共场合。
- 闻：这里是“使……听到”的意思。

③齐威王说："很好！"于是下命令："大臣们和官吏，能够当面批评我的过错的人，给予上等奖赏；上书直言规劝我的人，给予中等奖赏；能够在公共场所指责议论我的过失，并传到我耳朵里的人，给予下等奖赏。"命令刚下达，许多大臣都来进献谏言，宫门和庭院像集市一样喧闹；几个月以后，还不时地有人偶尔进谏；满一年以后，即使有人想进谏，也没有什么可说的了。燕、赵、韩、魏等国听说了这件事，都到齐国朝拜齐威王。这就是所说的在朝廷之中不战自胜。

日益精进

◆ 吏民

在上古，"吏"是职位低的官，吏民可以理解为职位低的官吏。

歌诀版　　朗读版

05

岳阳楼记

范仲淹

姓名 范仲淹

别称 字希文，谥号文正

出生地 苏州吴县（今江苏省苏州市）

生卒年 公元 989 —1052 年

政务能力 85%

修缮水利　实施新政

军事实绩 85%

筑城修寨　积极防御

文学造诣 95%

散文　诗歌　词赋　均有卓越成就　《岳阳楼记》《渔家傲·秋思》《苏幕遮·怀旧》《御街行·秋日怀旧》

才艺指数 90%

书法家，端劲秀丽，有“一代墨宝”美誉

生命指数

63 岁

宁鸣而死，
不默而生

毫无疑问，范仲淹的时代是波澜壮阔的。

他五十岁之前是刚直谏言的文官，五十岁以后是戍守西夏的边将。

他是逆行者，胸怀天下。朝廷盖新殿，他说不要大兴土木，劳民伤财；朝廷扩编制，他说推行绩效考核，精简官吏；朝廷收公田，他说降低工资，会造成贪污。

在他身上，我们看到经世济国不仅仅是理想，它是升迁、被贬、再升迁、再被贬。范仲淹离京那天，没有一个人敢来送别。梅尧臣劝他以后少管闲事，范仲淹说宁鸣而死，不默而生。

我们常常忘了，言说是多么珍贵的品格。

1046 年，看着滕子京送来的《洞庭晚秋图》，五十七岁的范仲淹，写下一篇《岳阳楼记》，惊艳了时光。

①庆历四年春，滕子京谪（zhé）守**巴陵郡**。越明年，**政通人和**，**百废****具兴**，乃重修岳阳楼，**增其旧制**，刻唐贤今人诗赋于其上，**属**予（zhǔ yú）作文以**记**之。

解字析词

- 巴陵郡：即宋代的岳州。宋代有州无郡，这里的巴陵郡只是沿用古代的郡名。
- 政通人和：政事通顺，百姓和乐。政，政事。通，顺利。和，和乐。
- 增其旧制：增，增加，这里指扩大。旧制，原有的建筑规模。
- 属：嘱托，这个意义后来写作“嘱”。

①庆历四年的春天，滕子京被贬官而任岳州知州。到了第二年，政事顺利，百姓和乐，很多长年荒废的事业又重新兴办起来了。于是又重新修建了岳阳楼，扩大它旧有的规模，还在上面刻上唐代贤人和当代人的诗赋，滕子京嘱咐我写一篇文章用来记述这件事。

日益精进

◆ 滕子京

北宋时期著名的政治家和文学家，范仲淹的朋友。两人同于大中祥符八年（公元 1015 年）中进士。滕子京在中国历史上本无什么地位，亦无显赫的名声，得亏了范仲淹的一篇《岳阳楼记》才使他的名字得以流传后世，而且还蒙上一个“勤政为民”的美名。因为《岳阳楼记》一文中说他在贬官一级后，“不以己悲”，仅用一年左右的时间，便把偌大的一个岳州治理得“政通人和，百废俱兴”。

② 予观夫(fú)巴陵胜状，在洞庭一湖。**衔(xián)**远山，**吞**长江，**浩浩汤汤(shāngshāng)**，横无际涯，朝(zhāo)**晖**夕**阴**，气象万千，此则岳阳楼之**大观(guān)**也，**前人之述备矣**。**然则**北通巫峡，南**极**潇湘，迁客骚人，多会于此，**览物之情**，得无异乎？

解字析词

- 浩浩汤汤：水势浩大的样子。
- 大观：雄伟壮丽的景象。
- 前人之述备矣：前人的记述很详尽了。
- 然则：如此……那么。
- 极：至，到达。
- 览物之情：观赏自然景物之后触发的感情。

②我看那巴陵郡的美丽的景色，集中在洞庭湖上。洞庭湖连接着远处的群山，吞吐着长江的江水，水波浩荡，宽阔无边。早晚阴晴明暗多变景象千变万化。这就是岳阳楼的雄伟景象，前人对它的描述已经很详尽了。然而，因为这里往北面通向巫峡，往南直到潇水、湘水，被降职远调的官吏和南来北往的诗人，大多在这里聚会。他们因景色而触发的感情，大概会有所不同吧?

日益精进

◆ 迁客骚人

迁客，指被贬谪流迁的人。骚人，泛指文人。战国时屈原作《离骚》，因此后人也称诗人为骚人。《离骚》是中国古代最长的抒情诗，此诗以诗人自述身世、遭遇、心志为中心，并开创了中国文学史上的“骚体”诗歌形式，对后世产生了深远的影响。

③ 若夫(fú)**淫雨霏霏**，连月不**开**，**阴风怒号(háo)**，浊浪**排空**，日星隐**曜(yào)**，山岳潜(qián)形，商旅不行，**樯倾楫(jí)摧**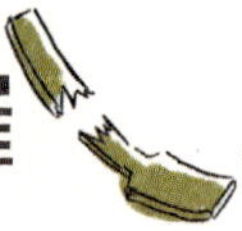，薄暮**冥冥**，虎啸猿啼。登斯楼也，则有去国怀乡，**忧谗(chán)畏讥**，满目**萧然**，感极而**悲者**矣。

解字析词

- 淫雨霏霏：连绵不断的雨纷纷下个不停。霏霏，雨雪纷纷而下的样子。
- 开：指天气放晴
- 排空：冲向天空。
- 曜：光芒。
- 樯倾楫摧：桅杆倒下，船桨折断。
- 冥冥：昏暗。
- 忧谗畏讥：担心被说坏话，惧怕被批评指责。

③至于说到连绵不断的雨纷纷下个不停，有时连着整个月都没有晴天，寒风怒吼，浊浪冲天，太阳和星星隐藏了光辉，山岳隐没了形体；商人和旅客无法通行，桅杆倒下，船桨折断；傍晚天色昏暗，虎在长啸，猿在哀啼。此时登上岳阳楼，就会产生离开国都，怀念家乡，担心被别人说坏话，惧怕被批评指责，满眼都是萧条的景象，感慨到了极点而悲伤的心境了。

日益精进

◆ 岳阳楼

岳阳楼位于湖南省岳阳市古城西门城墙之上，下瞰洞庭，前望君山，自古有“洞庭天下水，岳阳天下楼”之美誉，与湖北武汉黄鹤楼、江西南昌滕王阁并称为“江南三大名楼”。岳阳楼作为三大名楼中唯一保持原貌的古建筑，其独特的盔顶结构，体现出古代劳动人民的聪明智慧和能工巧匠的精巧设计和技能。

4 至若春和景明，波澜不惊，上下天光，一碧万顷（qǐng），**沙鸥****翔集**，**锦鳞**游泳，**岸芷汀（tīng）兰**，郁郁青青。而**或**长烟一空，皓月千里，浮光跃金，静影沉璧，渔歌互答，此乐何极！登斯楼也，则有心旷神怡，宠辱偕（xié）忘，**把酒**临风，其喜**洋洋**者矣。

解字析词

- 翔集：时而飞翔，时而停歇。
- 岸芷汀兰：岸上与小洲上的花草。芷，香草的一种。汀，小洲。
- 或：有时。
- 洋洋：高兴得意的样子。

④至于春风和煦，阳光明媚的日子，湖面就会风平浪静，天色湖光相接，一片碧绿，广阔无际；沙鸥时而飞翔，时而停歇，美丽的鱼儿在湖中游来游去；湖岸上的小草，草木茂盛，沙洲上的兰花，香气浓郁。而有时大片烟雾完全消散，皎洁的月光一泻千里，在月光照耀下，水波闪耀着金光；无风时，静静的月影好似沉入水中的玉璧。渔夫的歌声一唱一和，这样的快乐哪有穷尽！此时，登上岳阳楼，就会有心胸开阔，精神愉悦，忘却荣辱得失之感，举起酒杯，面对和风，心中不禁喜气洋洋。

日益精进

◆ 文言文中的地理名词

水中小洲称“汀”，水边平地称“渚”，两山相夹之水称“涧”，水边称“涯”，连绵不断的山称“峦”，山顶圆平的山叫“岭”，高耸巍峨的山叫“峰”。

⑤ 嗟夫（jiē fú）！予尝求古仁人之心，或异二者之为，何哉？**不以物喜**，**不以己悲**，居**庙堂**之高则忧其民，**处江湖之远**则忧其君。是**进**亦忧，**退**亦忧。然则何时而乐耶（yé）？其必曰“先天下之忧而忧，后天下之乐而乐”乎！噫（yī）！微斯人，吾**谁与归**？时六年九月十五日。

解字析词

- 不以物喜，不以己悲：不因为外物（好坏）和自己（得失）而或喜或悲（此句为互文）。以，因为。
- 庙堂：指朝廷。下文的“进”，即指“居庙堂之高”。
- 处江湖之远：处在僻远的地方做官则为君主担忧，意思是远离朝廷做官。下文的“退”，即指“处江湖之远”。
- 谁与归：就是“与谁归”。归，归依。

⑤唉！我曾经探求过古时品德高尚的人的思想，或许不同于以上两种心情，这是为什么呢？他们不因为外物的好坏和个人的得失而或喜或悲，在朝廷做官的人为百姓担忧，不在朝廷做官的人为君王担忧。这样在朝为官也担忧，在野为民也担忧。既然这样，那么什么时候才快乐呢？那一定要说“在天下人忧虑之前先忧虑，在天下人快乐之后再快乐”吧？唉！如果没有这种人，我又能同谁一道呢？写于庆历六年九月十五日。

日益精进

◆ 庙堂

原指太庙的明堂，是古代帝王祭祀、议事的地方。也指朝廷，即人君接受朝见、议论政事的殿堂。《淮南子·主术训》：“君人者，不下庙堂之上而知四海之外者，因物以识物，因人以知人也。”《晋书·宣帝纪》：“帝曰：‘边城受敌而安坐庙堂，疆埸骚动，众心疑惑，是社稷之大忧也。’”

歌诀版　　朗读版

06

出师表

诸葛亮

三国

姓名 诸葛亮

别称 字孔明，号卧龙

出生地 徐州琅邪阳都（今山东省沂南县）

生卒年 公元 181—234 年

军政能力 100%

隆中对策　赤壁斗智　定鼎荆益　先主托孤　北伐中原

文学造诣 95%

《出师表》千古流传　《诫子书》立志典范

才艺指数 90%

书法家　《远涉帖》被王羲之临摹

发明家　发明孔明锁、孔明灯、木牛流马、诸葛连弩

生命指数

53 岁

你乖乖的，
我去给你打江山

蜀汉建兴五年（公元 227 年），诸葛亮喜得贵子。他给儿子起名诸葛瞻。

这年，他四十六岁。

青年出山，一路殚精竭虑，不知不觉到了这把年纪。

在那样的年代，这样的年岁已经算是高龄，但诸葛亮不敢有丝毫的懈怠，因为蜀汉的前途命运沉甸甸地压在他的肩膀上。他甚至都顾不上自己的亲生儿子，他还有一个“大儿子”需要操心扶持。没错，就是先帝刘备托付给他的后主刘禅，小名阿斗。

阿斗继位那年十六七岁，除了皇帝必须出席的场合外，一切军国大事都委托诸葛亮操持。他对相父保持着绝对的信任，也对自己的生活保持着绝对的欢乐自在。

他的欢乐自在，建立在相父对他的无微不至的呵护上。诸葛亮化身雨伞、手杖和广厦，保护他、扶持他、安顿他。

如今，为了他，诸葛亮又要张罗北伐。

此时，曹丕刚死，曹魏新帝曹叡即位，司马懿仍旧是托孤重臣。两个命定的对手，经过犬牙交错的各自遭际，如今，要各率大军，一决雌雄。

临行前，面对懵懵懂懂的故人之子，想起遗恨归天的先帝，诸葛亮满心的不舍，凝聚成一篇照耀千古的文章。

区区数百字，写不尽的牵肠挂肚，教刘禅广开言路，赏罚分明，亲贤臣，远小人。

“臣受命之日，寝不安席，食不甘味”这十三个字，是诸葛亮这么多年来的生活状态。没有谁是真的神人，只有肯动脑筋，会动脑筋，算无遗策的聪明人。可是头脑整日高速运转，能睡得着、吃得香才怪。

当初日上三竿尚且高卧不起的卧龙，如今日日忙于施云布雨，煎熬寸心。

他说：“先帝知臣谨慎。”“谨慎”是他的最大特点。一次次的出兵打仗，打仗前，自家兵员多少，粮草如何，谁适合做前锋，谁适合做策应，你去哪里埋伏，他去哪里布疑阵……

种种参虑周详，烂熟于心。

治政时，哪个领域宜宽，哪个领域宜严，哪个人需要重用，哪个人又需要调整，哪里需要采取什么样的政策……都需要他去操心。他甚至谨慎到了亲自查阅花名册之类的小事。

因为谨慎，所以出征前，他一切都要给阿斗安排好。他让阿斗要把宫里和朝中一碗水端平，甚至给他提供好几个值得重用的人，包括郭攸之、费祎、董允等人，还有将军向宠。说到底，千叮咛万嘱咐的，就是想让阿斗亲贤臣、远小人。

越写越想起自己当初躬耕南阳，想起刘备对自己的厚待与厚望，想起这些年的东征西讨、临危受命，不知不觉，二十一年过去了啊。

这么久了，身上的担子还不敢卸、不能卸，因为使命还没有完成。如今要远行，面对奏表禁不住热泪纵横，他要离这个“大儿子”远远的了，希望他在家里好好的，乖乖的，坐稳自己给他打下来的江山。

①先帝创业未半而中道**崩殂**（cú），今天下三分，益州**疲弊**（bì），此诚危急存亡之**秋**

也。然侍卫之臣不懈于内，**忠志之士**忘身于外者，**盖**

追先帝之**殊遇**，欲报之于陛下也。诚宜开张**圣听**，以光先帝遗德，恢弘志士之气，不宜**妄自菲薄**（fěi），引喻失义，以塞（sè）忠谏（jiàn）之路也。

解字析词

- 崩殂：死。崩，秦代以后专指皇帝的死。殂，死亡。
- 疲弊：指人力、物力等不足。
- 秋：时候。
- 盖：表原因，连接上文。

①先帝创立（统一天下的）事业未完成一半就中途去世了。现在天下分为三国，我们蜀汉国力薄弱，处境艰难，这实在是国家危急存亡的时刻啊。然而朝廷的官员在宫廷内毫不松懈，军中将士和地方官在外面奋不顾身，都是因为追念先帝对他们的特殊厚待，想要报答在陛下您身上。陛下确实应该广泛听取别人的意见，来发扬光大先帝遗留下来的美德，振奋有远大志向的人的志气，不应过分看轻自己，说话不恰当，以致堵塞了忠言进谏的道路。

日益精进

- 表，古代臣子向君主陈述请求、表白心志的一种文体。

②宫中府中，俱为一体，**陟**(zhì)**罚****臧否**(zāng pǐ)，不宜异同。若有**作奸犯科**及为忠善者，宜付有司论其刑赏，以**昭**(zhāo)陛下**平明之理**

，不宜偏私，使内外异法也。

解字析词

- 陟：晋升，提拔。
- 臧否：赞扬和批评。臧，善，这里用作动词，指表扬。否，恶，这里用作动词，指批评。
- 作奸犯科：做奸邪事情，犯科条法令。
- 昭：显明。使动用法，使……显明。

②宫中和相府中本都是一个整体，赏罚褒贬，不应该有所不同。如果有为非作歹犯科条法令和忠心做善事的人，都应该交给主管官吏评定对他们的惩罚与奖赏，来使陛下公正严明的治理得以显明，而不应当有偏袒和私心，使宫内和相府中奖罚方法有所不同。

日益精进

- 《出师表》

出自《三国志·诸葛亮传》。《出师表》又称《前出师表》，写于北上伐魏之时；另有《后出师表》，写于率军出散关前。

③侍中、侍郎郭攸(yōu)之、费祎(yī)、董允等，此皆良实，**志虑忠纯**，是以先帝简拔以**遗**(wèi)陛下。愚以为宫中之事，事无大小，**悉以咨之**，然后施行，必能**裨**(bì)**补阙**(quē)**漏**，有所广益。

解字析词

- 志虑忠纯：志向和思虑忠诚纯正。
- 遗：给予。
- 悉以咨之：都拿来问问他们。
- 裨补阙漏：弥补缺失疏漏。

③侍中郭攸之、费祎和侍郎董允等人，这些都是善良诚实的人，他们的志向和思虑忠诚纯正，所以先帝把他们选拔出来交给陛下。我认为宫中之事，无论大小，都拿来问问他们，然后再去施行，一定能够弥补缺失和疏漏，可以获得更多的启发和帮助。

日益精进

◆ 武侯祠

这是纪念诸葛亮的祠堂。因诸葛亮生前被封为“武乡侯”，死后又被后主刘禅追谥为“忠武侯”，因此尊称其祠庙为“武侯祠”。目前最有影响力的武侯祠在成都，它是中国唯一一座君臣合祀的祠庙，刘备的惠陵和汉昭烈庙与其合并在一处。

④将军向宠，**性行淑均**，**晓畅**军事，试用于昔日，先帝称之曰能，是以众议举宠为**督**。愚以为营中之事，悉以咨之，必能使**行(háng)阵**和睦，优劣得所。

解字析词

- 性行淑均：性情品德善良公正。
- 晓畅：谙熟，精通。
- 督：武职，向宠曾为中部督。
- 行阵：指部队。

④将军向宠，性格和品行善良公正，通晓军事，过去起用他的时候，先帝称赞说他有才干，因此大家评议举荐他做中部督。我认为军队中的事情，都拿来跟他商讨，就一定能使军队团结一心，不同才能的人各得其所。

日益精进

◆ 羽扇

用鸟类羽毛做成的扇子，它是扇子家族中最早出现的，已有两千多年历史。在汉末到魏晋南北朝这一历史阶段，羽扇成为士大夫、文人墨客都比较钟爱的艺术品。诸葛亮可以说是白羽扇的形象代言人了，但他的白羽扇最重要的作用可不是来摆酷的，而是用来指挥三军。

5 亲贤臣，远小人，此先汉所以兴隆也；亲小人，远贤臣，此后汉所以**倾颓**(tuí)  也。先帝在时，每与臣论此事，未尝不叹息痛恨于桓(huán)、灵也。侍中、尚书、长史、参军，此悉贞良**死节**之臣，愿陛下亲之信之，则汉室之隆，可计日而待也。

解字析词

- 倾颓：衰败。
- 死节：为国而死的气节，能够以死报国。死，为……而死。

⑤亲近贤臣，疏远小人，这是西汉之所以兴盛的原因；亲近小人，疏远贤臣，这是东汉之所以衰败的原因。先帝在世的时候，每逢跟我谈论这些事情，没有一次不对桓、灵二帝的做法感到痛心遗憾的。侍中、尚书、长史、参军，这些人都是忠贞贤良、能够以死报国的臣子，希望陛下亲近他们，信任他们，那么汉朝的复兴就指日可待了。

日益精进

◆ 后汉人名，无两字者

东汉人取名都用单字，且看三国里的人名，吕布、赵云、周瑜、鲁肃……复姓也如此，诸葛亮、夏侯渊、司马懿……单字人名时尚都是因为一个人——王莽。他当了皇帝后推行新政，主张复古。古人讲究避讳，为了方便老百姓避讳，东汉皇帝都用单字名，这样百姓避一个字就行了。单字名也就逐渐成为当时风尚。

⑥臣本布衣，**躬(gōng)耕**于南阳，苟(gǒu)全性命于乱世，不求闻达于诸侯。先帝不以臣**卑(bēi)鄙(bǐ)**，**猥(wěi)**自枉屈，三顾臣于草庐之中，咨臣以当世之事，由是感激，遂许先帝以**驱驰**。后值倾覆(fù)，受任于败军之际，奉命于危难之间，**尔来**二十**有(yòu)**一年矣。

解字析词

- 躬耕：亲自耕种。躬，亲自；耕，耕种。
- 卑鄙：身份低微，见识短浅。卑，身份低下；鄙，见识短浅，与今义不同。
- 猥：辱，这里指降低身份。
- 驱驰：奔走效劳。
- 尔来：自那时以来。
- 有：通假字，用于整数和整数之间，表示整数之外再加零数。

⑥我本来是平民百姓，在南阳务农种地，只想在乱世中苟且保全性命，不奢求在诸侯之中扬名显身。先帝不认为我身份卑微、见识短浅，承蒙他亲自屈驾前往，三次来到草庐里拜访我，征询我对时局大事的意见，由此使我感动奋发，答应为先帝奔走效劳。后来遇到军事失利，我在兵败时接受任务，在危难关头奉行使命，从那时到现在已经有二十一年了。

日益精进

◆ 隆中对

刘备三顾茅庐，到了第三次终于在诸葛亮隐居的隆中与他见上了面。在刘备的再三恳求下，诸葛亮决定出山，担任刘备势力的军师。诸葛亮指出，北方的曹操势力正值巅峰，江东的孙权势力也很难对付，所以刘备还有机会争取的就只剩下荆州、益州和汉中。如果计划能顺利实施，便可争取跟曹操和孙权三分天下，这个战略，就是历史上著名的“隆中对”。

7 先帝知臣谨慎（jǐnshèn），故临崩（bēng）寄臣以大事也。受命以来，**夙（sù）夜**忧叹，恐托付不效，以伤先帝之明，故五月渡泸，深入不毛。今南方已定，兵甲已足，当**奖率**

三军，北定中原，**庶（shù）**竭**驽（nú）钝**，**攘（rǎng）除**奸凶，兴复汉室，还于旧都。此臣所以报先帝而忠陛下之职分也。至于**斟酌（zhēnzhuó）**损益，进尽忠言，则攸之、祎、允之任也。

解字析词

- 夙夜：早晚。
- 庶：表示期望。
- 驽钝：比喻才能平庸，这是诸葛亮自谦的话。驽，劣马，走不快的马，指才能低劣；钝，刀刃不锋利，指头脑不灵活，做事迟钝。

⑦先帝知道我做事严谨慎重，所以临终时把国家大事托付给我。接受遗命以来，我早晚忧愁叹息，唯恐先帝托付给我的事不能完成，以致损伤先帝的知人之明。所以我五月渡过泸水，深入到人烟稀少的荒凉之地。现在南方已经平定，兵员装备已经充足，应当激励、率领全军将士向北方进军，平定中原，希望用尽我平庸的才能，铲除奸邪凶恶的敌人，恢复汉朝的基业，回到旧日的国都。这就是我用来报答先帝，并且尽忠陛下的职责本分。至于处理事务，斟酌情理，权衡政治上的利弊，毫无保留地进献忠诚的建议，那就是郭攸之、费祎、董允等人的责任了。

日益精进

◆ 阿斗

刘禅的小名为阿斗。据传刘禅之母甘夫人因夜梦仰吞北斗而怀孕，所以刘禅的小名叫作“阿斗”。后人常用“阿斗”或“扶不起的阿斗”一词形容庸碌无能的人。

8 愿陛下托臣以讨贼兴复之效；**不效**，则治臣之罪，以告先帝之灵。若无兴德之言，则责攸之、祎、允等之**慢**，以彰其咎。陛下亦宜自谋，以咨**诹**(zōu)善道，察纳雅言，深追先帝遗诏。臣不胜受恩感激。今当远离，临表**涕零**，**不知所言**

。

解字析词

- 不效：没有取得成效。
- 慢：怠慢，疏忽，指不尽职。
- 诹：询问。
- 涕：眼泪。

⑧希望陛下能够把讨伐曹魏、兴复汉室的任务托付给我，如果没有成功，就治我的罪，从而用来告慰先帝的在天之灵。如果没有发扬圣德的建议，就责罚郭攸之、费祎、董允等人的怠慢，来显露他们的过失。陛下也应自行谋划，征求、询问治国的好道理，采纳正确的言论，深切追念先帝临终留下的教诲。（这样）臣就承受不了所受的圣恩而感激不尽了。今天我将要告别陛下远行了，面对这份奏表禁不住热泪纵横，不知道说了些什么话。

日益精进

◆ 功盖三分国，名成八阵图。江流石不转，遗恨失吞吴。

——唐·杜甫《八阵图》

歌诀版　　朗读版

07

师说

韩愈

唐朝

姓名 韩愈

别称 字退之，自称郡望昌黎，世称韩昌黎、昌黎先生

出生地 河南河阳（今河南省孟州市）

生卒年 公元 768—824 年

文学造诣 95%

“唐宋八大家”之首　“百代文宗”

著有《韩昌黎集》　诗歌亦有特色

思想贡献 95%

倡导“古文运动”　复兴儒学

教学能力 90%

国子监任博士　亲授学业　桃李满天下

生命指数

56 岁

终于当上了
大学教授的韩博士

韩愈三十四岁这一年，辗转经人介绍，终于在国子监里获得了一个四门博士的位置。所谓博士，并不是一个学位，而是一种官职，职责是讲学。四门博士负责招收五品以下、七品以上官员子弟，也招收一部分平民子弟。也可以这样说，韩愈成了唐朝国立大学里的一位教授。

虽然后来韩愈的官职有不少变更，但他自己最欣然接受的却是教书匠这个身份。四门博士的品级低，俸禄少得可怜，根本不够他养活一大家子人，但韩愈安贫乐道，提携后生，很快桃李满天下。可当时的唐代，士大夫之族不仅耻于为师，而且攻击勇于为师的人，韩愈就是在这样的境遇下，写下了千古流传的名篇《师说》，吹响了尊师重道的号角。

1 古之学者必有**师**。师者，**所以**传道**受业**解惑也。人非生而知之者，孰能无惑？惑而不从师，其为惑也，**终不解矣**。生乎吾前，其闻道也固先乎吾，吾**从而师之**；生乎吾后，其闻道也亦先乎吾，吾从而师之。吾师道也，夫（fú）**庸**知其年之先后生于吾乎？是故无**贵**无**贱**，无**长**无**少**，道之所存，师之所存也。

解字析词

- 所以：……的凭借、用来……的。
- 受：通“授”，传授。
- 业：泛指古经、史、诸子之学及古文写作。
- 从而师之：跟从（他），拜他为老师。师，意动用法，以……为师。
- 庸：语气词，指“难道”。

①古代学习的人必定有老师。老师，是用来传授道理、讲授学业、解除疑惑的人。人不是一生下来就懂得道理的，谁能没有疑惑？有了疑惑，却不跟老师学习，他们所产生的疑惑，就始终无法解除了。出生在我之前的人，他懂得的道理本来就比我早，我跟从他，拜他为老师；出生在我之后的人，如果他懂得道理也比我早，我也跟从他，拜他为师。我是向他学习道理的，难道（用）知道他的年龄比我大还是比我小吗？因此，无论高低贵贱，无论年长年幼，道理存在的地方，就是老师所在的地方。

日益精进

◆ “人非生而知之者”出处

《论语·季氏》：“生而知之者，上也；学而知之者，次也；困而学之，又其次之；困而不学，民斯为下矣。”

②嗟(jiē)乎！师道之不传也久矣！欲人之无惑也难矣！古之**圣人**，其**出人**也远矣，**犹且**从师而问焉；今之**众人**，**其下圣人也亦远矣**，而

学于师。是故圣益圣，愚(yú)益愚。圣人之所以为圣，愚人之所以为愚，其皆出于此乎？

解字析词

- 出人：超出于众人之上。
- 犹且：尚且。
- 众人：普通人，一般人。
- 下圣人：即下于圣人，指低于圣人。
- 耻学于师：以向老师学习为耻。耻，以……为耻。

②唉！古代从师学习的风尚不流传已经很久了，想要人没有疑惑很难啊！古代的圣人，他们超出一般人很远，尚且要跟从老师请教；现在的一般人，他们才智远不及圣人，却以向老师学习为耻。因此，圣人更加圣明，愚人更加愚昧。圣人之所以成为圣人，愚人之所以成为愚人，大概都是这个原因吧！

日益精进

◆ “师道之不传”

古代从师的传统不流传已经很久了。唐代虽然推行科举制度，但实际上高门望族不必刻苦学习便可以通过进士考试，有的甚至不必通过进士考试便可世袭官职，正因为能以如此轻松的方式走上仕途，他们便不可能积极地去奖掖后进，更不可能推崇前辈了。

爱其子，择师而**教之**；**于其身**也，则耻师焉，**惑矣**。彼童子之师，授之书而习其**句读**（jù dòu）者，非吾所谓传其道解其惑者也。句读之不知，惑之不解，**或师焉，或不焉**（fǒu），小学而**大遗**（yí），吾未见其明也。

解字析词

- 于其身：对于他自己。身，自身、自己。
- 惑矣：（真是）糊涂啊！
- 句读：也叫句逗，古人指文辞休止和停顿处。
- 或师焉，或不焉：有的（指“句读之不知”这样的小事）从师，有的（指“惑之不解”这样的大事）不从师。不，通“否”。

（有的人）爱自己的孩子，挑选老师来教他，对于他自己却以跟从老师学习为耻辱，真是糊涂啊！那些教孩童的启蒙老师，教孩子们读书，学习书中的文句停顿，并不是我所说的那些传授道理、解除求学者疑惑的人。不知句子停顿，知道去问老师，有疑惑不能解除，却不愿请教老师；学习了小的方面，大的求教之道却丢弃了。我没觉得他有多么明智。

日益精进

◆ 句读

也叫句逗，古人指文辞休止和停顿处。文辞意尽处为句，语意未尽而须停顿处为读（逗）。古代书籍上没有标点，老师教学童读书时要进行句读（逗）的教学。

巫医乐(yuè)师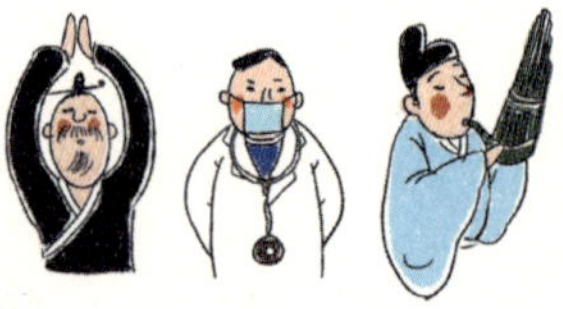**百工**之人，不耻**相(xiāng)师**

。士大夫之族，曰师曰弟子云者，则**群聚而笑之**。问之，则曰："彼与彼年相若也，道相似也，**位卑则足羞**，**官盛则近谀(yú)**。"

解字析词

- 巫医：古时巫、医不分，巫的职业以祝祷、占卜为主，也用药物等为人治病。
- 百工：各种工匠。
- 相师：拜别人为师。
- 位卑则足羞，官盛则近谀：以地位低的人为师就感到羞耻，以高官为师就近乎谄媚。足，可，够得上。盛，高大。谀，谄媚。

巫医、乐师、各种工匠这些人，不以向别人拜师为耻辱。士大夫这一类人，听到称“老师”称“弟子”的人，就聚在一起嘲笑他们。问他们原因，就说：“他和他年龄差不多，懂得的道理也差不多。把地位低的人当作老师，就足以感到耻辱；把官职高的人当作老师，就近于谄媚了。”

日益精进

◆《师说》的创作背景

韩愈是在三十五岁时写下《师说》，当时他刚进入国子监，为四门学博士，但他此时早已成名，并一直在推行“古文运动”。《师说》是写给李蟠的，但其实是在抨击当时“士大夫之族”耻于从师的风气，也是对诽谤“古文运动”的人给予一个驳斥。

鸣呼！师道之不复可知矣。巫医乐师百工之人，君子**不齿**，今其智乃反不能及，其可怪也欤！

解字析词

- 不齿：不屑与之同列，即看不起。或作“鄙之”。

唉！由此就知道，求师的风尚难以恢复！巫医、乐师、各种工匠，君子不（愿意与他们）同列，可是现在他们的智慧却反而比不上这些人了，这真是奇怪啊！

日益精进

◆ 韩愈与教育

韩愈做过两次国子博士、一次四门博士、一次国子祭酒，被他指导教授的学生，皆称“韩门弟子”。其中有《早春呈水部张十八员外》中的张籍、《答胡生书》中的胡直钧、《答李翊书》中的李翊、为之作《师说》的李蟠，还有大诗人李贺、贾岛、李绅等。

③ **圣人无常师**。孔子师**郯(tán)子**、**苌(cháng)弘**、**师襄**、**老聃(dān)**。郯子之徒，其贤不及孔子。孔子曰：**三人行，则必有我师**  。是故弟子不必不如师，师不必贤于弟子，闻道有先后，**术业有专攻**  ，如是而已。

解字析词

- 圣人无常师：圣人没有固定的老师。常，固定的。
- 郯子、苌弘、师襄、老聃：郯子，春秋时郯国的国君。苌弘，周敬王时的大夫。师襄，春秋时鲁国的乐官。老聃，老子。孔子都曾向他们求教。
- 三人行，则必有我师：三人同行，其中必定有我的老师。《论语·述而》原话：“子曰：‘三人行，必有我师焉。择其善者而从之，其不善者而改之。’”
- 术业有专攻：在学问上各有自己的专门研究。攻，学习、研究。

③圣人没有固定的老师。孔子曾以郯子、苌弘、师襄、老聃为师。郯子这些人，他们的贤能都比不上孔子。孔子说："三个人一起走，其中一定有可以当我的老师的人。"因此学生不一定不如老师，老师不一定就胜过学生，听到的道理有早有晚，学问有专门致力研究（的人），如此罢了。

日益精进

◆ 老子

姓李名耳，字聃，春秋时期人，中国古代思想家、哲学家、文学家和史学家，道家学派创始人和主要代表人物，与庄子并称"老庄"。老子的思想核心是朴素的辩证法。在政治上，老子主张无为而治、不言之教。在权术上，老子讲究物极必反之理。在修身方面，老子是道家性命双修的始祖，讲究虚心实腹、不与人争的修持。

4 李氏子蟠(pán)，年十七，**好**(hào)古文，六艺经传(zhuàn)皆**通**习之，**不拘于时**，学于余。余**嘉**其能行古道，作《师说》以**贻**(yí)**之**。

解字析词

- 通：普遍。
- 不拘于时：指不受当时以求师为耻的不良风气的束缚。时，时俗，指当时士大夫中耻于从师的不良风气。于，被。
- 嘉：赞许，嘉奖。

④李家的孩子蟠，年龄十七，喜欢古文，六经的经文和传文都普遍地学习了，不被时俗所拘束，向我学习。我赞许他能够遵行古人从师的途径，写这篇《师说》来赠送给他。

日益精进

◆ 六艺

指六经，即《诗》《书》《礼》《乐》《易》《春秋》六部儒家经典。

歌诀版

朗读版